AF509738

OBSERVATIONS

SUR

L'HISTOIRE DE LA RÉVOLUTION*

PAR M. F. BERTRAND DE MOLEVILLE,

ET

SUR L'HISTOIRE DE LA RÉVOLUTION

EN GÉNÉRAL.

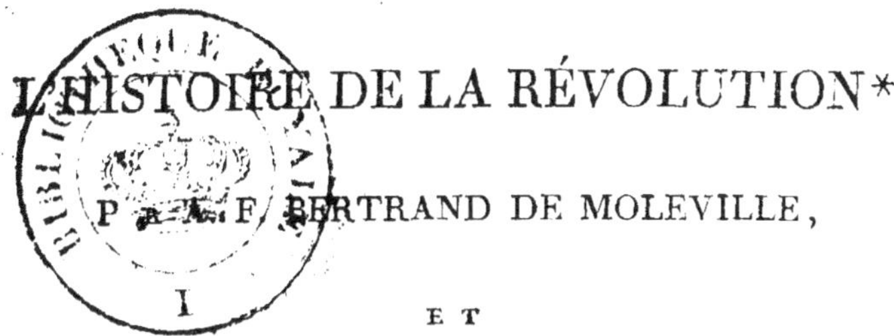

Un grand nombre d'écrivains, tandis que la révolution s'achevoit au milieu de ses bruyans éclats, retraçoient en silence les événemens qui en ont développé les effets, les crimes qui l'ont ensanglantée, et les vertus qu'elle a fait éclater. Plusieurs de ces écrivains, comme Pline, ont

---

(*) La première partie de cet ouvrage, composée de cinq volumes in-8°. de 400 pages chacun, se vend chez GIGUET et Ce., RUE DE GRENELLE ST.-HONORÉ, N°. 42, ANCIEN HÔTEL DES FERMES.

Prix du papier carré ordinaire (broché) . . . . 21 liv.
———— papier grand-raisin vélin satiné (cartonné). 60
———— papier grand-raisin ordinaire (broché) . . . 30
(En ajoutant 5 liv., on peut recevoir les cinq volumes francs de port par la poste.)

été ensevelis sous les cendres de ce volcan, dont ils sui-
voient les terribles détonnations. Ceux qui restent encore
parmi nous, et qui ont, pour ainsi dire, survécu à eux-
mêmes, au milieu de la destruction générale, n'ont pas
tous le même esprit, les mêmes opinions, les mêmes ta-
lens; mais leur témoignage n'en sera pas moins utile aux
jugemens de la postérité. Si un seul historien élevoit la
voix pour raconter tant d'événemens extraordinaires, on
pourroit bien ne pas ajouter foi à ses récits. Notre révolution, dans ses principes et dans ses résultats, présente tant
de phénomènes monstrueux, que ses témoins devroient
être aussi nombreux que ses prodiges, et que ceux qui en
retraceront les horreurs, devroient, s'il se peut, égaler le
nombre des crimes qu'elle a produits. Les historiens de la
révolution peuvent être comparés aux voyageurs, qui, depuis plusieurs siècles, vont visiter les ruines d'Hercula-
num, d'Athénes et de Palmyre. Au milieu de ces débris
amoncelés, toujours quelque image nouvelle, quelque
trait original s'offre à leurs pinceaux; le public les lit tous
avec le même intérêt. Je ne sais par quelle magie les tableaux de la destruction intéressent toujours l'esprit humain;
le génie de l'histoire moissonne ses lauriers les plus brillans
sur des tombeaux.

Jusqu'à l'époque de notre révolution, la France avoit
produit des chefs-d'œuvres dans tous les arts, elle avoit
applaudi aux progrès de toutes les sciences; mais l'histoire
n'avoit point laissé parmi nous de monument dont la nation pût s'enorgueillir. Nous avions eu nos Sophocle, nos
Euclide, nos Térence, nos Socrate, nos Horace, nos
Platon; mais Tacite étoit admiré, sans que nous pussions
lui présenter des rivaux, et la gloire des Tite-Live et des
Xénophon étoit inconnue à nos écrivains, qui offroient
tout à la curiosité, mais rien à la méditation; qui se con-

tentoient d'accumuler les événemens, de brillanter des portraits, mais qui n'avoient point ces développemens profonds, ce pinceau chargé de couleurs vives, ces éclairs rapides, qui font descendre la lumière dans le cahos des révolutions sociales. Vivant au sein de la paix, et ne cédant qu'à des impressions légères, nous ignorions les replis obscurs du cœur humain, et les nuances morales des événemens politiques nous avoient échappé. La révolution nous a donné de nouvelles lumières ; la nature humaine, aux prises avec tant de passions, au milieu de tant d'ébranlemens et de vicissitudes, a laissé échapper ses horribles secrets, et le cœur de l'homme, comme un sépulcre ouvert par la foudre, nous a laissé voir toute sa corruption.

Les historiens profiteront de ces tristes découvertes ; la révolution, en accumulant tous les maux sur notre génération, rassembloit de vastes matériaux pour l'histoire, et elle nous préparoit des vengeurs, en formant des historiens capables de raconter un jour les forfaits dont elle a été le prétexte, l'effet et la cause.

L'histoire de la révolution française peut être divisée en plusieurs époques ; la première renferme le tems qui s'est écoulé depuis la convocation des états-généraux jusqu'à la fin de l'assemblée constituante. La nation se trouva d'abord divisée en plusieurs partis, qui manifestoient chacun leurs prétentions, mais qui n'osoient point encore les appuyer par la violence. Le ministère ouvrit imprudemment une discussion publique sur le sujet de la querelle ; et bientôt toutes les passions parurent à la tribune des états-généraux. Chaque parti, chaque ordre de l'état avoit confié ses intérêts dans cette assemblée, aux hommes qui s'étoient prononcés avec le plus d'exaltation ; le choc fut d'autant plus violent, que cette réunion des extrêmes n'avoit point laissé de parti intermédiaire. Le gouvernement n'osa point prendre sur lui de décider la question, et la cour fut précipitée, avec ses défenseurs et ses adversaires, dans les horreurs d'une révolution démocratique : voilà la première époque. La seconde est marquée également par la foiblesse du gouvernement, et par l'audace toujours croissante des révolutionnaires. Les auteurs de la constitution de 91, en abandonnant leur ouvrage à des hommes nouveaux, donnèrent à la révolution une marche nouvelle ; on vit alors éclater des passions qui ne s'étoient point encore montrées ; le génie de l'anarchie tendit à la nation de nouveaux piéges contre lesquels on n'étoit point en garde. La révolution avoit pris jusques là ses instrumens dans les basses classes du peuple, sans toutefois y prendre ses agens et ses directeurs ; peu-à-peu elle descendit dans une sphère moins éclairée, et elle s'approcha de la multitude, qui s'empara des premiers rôles. Ce fut alors que le flambeau de l'opinion publique acheva de s'éteindre dans les violentes oscillations de l'opinion populaire ; dès-lors la révolution n'eut plus de frein : la populace, devenue souveraine, exagéra toutes les idées démagogiques, dénatura tous les principes sociaux ; le trône, qui n'étoit plus défendu que par quelques serviteurs zélés, acheva de s'écrouler au milieu de ces nouvelles saturnales. L'humanité, la justice, remontèrent au ciel avec le vertueux Louis XVI, le sage se couvrit de son manteau et n'eut plus qu'à attendre la mort. Telles sont les nuances générales et progressives qui caractérisent la seconde époque de notre révolution.

M. Bertrand de Moleville a embrassé ces deux époques dans son Histoire. La première partie renferme les années 88, 89, 90 et 91 ; la seconde conduit le lecteur jusqu'au commencement de 93 ; c'est à cette époque que l'histoire de notre révolution ne peut plus être écrite qu'entre

les deux guichets de la prison et sous la dictée du bourreau.
Quand les impressions douloureuses s'affoibliront avec les
souvenirs , quand il sera possible de retracer les annales de
la terreur , sans y mêler les regrets trop amers des pertes que
nous avons tous faites individuellement dans ces jours de
désolation universelle , M. Bertrand de Moleville essayera
de surmonter ses dégoûts , et d'évoquer la vérité du fond
des tombeaux où elle est ensevelie avec ses innombrables
martyrs (1).

En attendant que cette dernière partie de l'histoire de
la révolution soit achevée , et que le moment soit venu de

----

(1) C'est en 1793 que la guerre est devenue le terrible auxiliaire
de la révolution , et que la discorde , qui agitoit les Français,
a promené ses torches en Europe. M. Bertrand de Moleville , dans
son malheureux exil , a été souvent à portée de connoître les causes
secrètes des événemens militaires ; il y a étudié la situation politique des états , les intérêts et les rapports des puissances euro-
péennes pendant la révolution ; et cette dernière partie de son
Histoire ne sera pas moins intéressante que la première. Il n'est pas
inutile d'ailleurs d'observer qu'il est, dans l'époque la plus ora-
geuse de la révolution, des points de vue qu'on n'a pu bien saisir
que dans le lointain. Sur le théâtre de tant d'événemens malheureux , nous avons été sans cesse aux prises avec les dangers de
chaque jour, avec les passions du moment : chacun de nous, trop
occupé de ses propres alarmes , de ses intérêts personnels , ne jetoit
qu'un regard distrait et passager sur les maux qui désoloient la
nation. Il sembloit alors que les crimes et les désordres révolutionnaires cherchassent, comme les fluides , à se mettre en équilibre ,
et à se répandre également par-tout. Il n'étoit plus d'asile pour
l'observateur, et les hommes les plus éclairés voyoient à peine au-
delà du parti qu'ils avoient embrassé , et du tourbillon qui les entraînoit. Chacun pourroit fort bien faire sa propre histoire, celle
de sa famille, celle de son cachot pendant la terreur ; mais il est

la faire paroître , nous donnons au public l'histoire des
deux premières époques. Ce n'est pas , il est vrai , dans
l'éloignement , que M. Bertrand de Moleville les a jugées ;
mais dans le cours des deux premières époques , la révolution ne promenoit point encore sa faulx sur la génération
entière , et les orageux tourbillons dans lesquels la France
étoit entraînée , n'interceptoient pas tous les regards de
l'observateur attentif. Les germes de la révolution , qui
a fait tant de victimes , qui a semé tant d'alarmes , se
développoient autour de nous , et c'est de près qu'il
falloit alors en observer les premières nuances et les caractères progressifs. M. Bertrand de Moleville étoit intendant
de Bretagne en 88 ; il a vu , dans cette province , la révolution à son berceau ; il a été ensuite ministre de Louis XVI.
Il a vu descendre au tombeau l'antique monarchie des

---

peu d'écrivains qui aient pu échapper à l'effet de ces frottemens
journaliers, et se placer par la pensée au parterre, dans la repré-
sentation de ce drame terrible, qu'on ne pouvoit juger sur le
lieu de la scène. Aussi nous n'avons eu jusqu'à présent que des
mémoires partiels , où l'on a jugé les détails, les localités, les
circonstances, sans embrasser les masses et l'ensemble. La plupart des ouvrages où l'on a dessiné à grands traits les caractères
distinctifs de la révolution, ont été faits loin de Paris , loin du
centre des mouvemens et des intrigues révolutionnaires. M. de M...
a écrit en Suisse ses *Considérations sur la France ;* et c'est du
rivage, loin des cris de l'équipage et des matelots, que cet observateur habile a si bien fait connoître les causes, les effets et les
progrès de la tempête. Tous les amis de la vérité doivent donc se
réunir à moi, pour engager M. de Bertrand à rassembler les notes
précieuses qu'il a recueillies dans son exil, sur les époques les plus
meurtrières de la guerre et de la révolution, et à donner à ses com-
patriotes le tableau impartial des événemens qui ont ébranlé à-la-
fois la France et l'Europe.

Français. Proscrit au 10 août , il a été obligé de s'éloigner ; et c'est dans la méditation de la retraite , dans le
moment même où les premiers égaremens du peuple se
faisoient sentir par les plus affreux résultats ; lorsqu'on
pouvoit opposer à la fougue déraisonnée des passions , les
terribles oracles de l'expérience, qu'il a mis à profit les nombreux matériaux historiques qu'il avoit recueillis pendant
les premières années de nos troubles politiques et sur-tout
pendant son ministère.

M. Bertrand de Moleville a-t-il rempli l'obligation sa-
crée que doit s'imposer tout écrivain raisonnable et juste,
lorsqu'il écrit l'histoire ? Ceux qui ont connu son caractère inflexible , sa conduite ferme et généreuse dans les
emplois éminens qu'il a exercés , n'ont aucun doute sur
la franchise de ses opinions, et sur l'inaltérable fidélité
de ses récits : le public n'en aura pas davantage , quand il
aura lu cet ouvrage , qui est peut-être le premier monument historique qu'on ait élevé à la vérité , dans le cours
de la révolution. M. Necker a publié une histoire des premières années de nos troubles révolutionnaires ; mais
M. Necker avoit un grand intérêt à ne pas dire toute la
vérité , et son livre n'est souvent qu'une apologie de son
ministère. M. Bertrand de Moleville n'a point laissé d'équi-
voques souvenirs dans sa carrière politique, et il se montre
dans son Histoire , tel qu'il s'est montré dans les premières
places du gouvernement , toujours juste , toujours modéré ,
fidèle à la cause de la vertu comme à celle de la vérité , et
mettant sa gloire à mériter les injures des ennemis de l'une et
de l'autre Le style de M. Bertrand n'est ni recherché , ni bril-
lant ; mais peut-être le style simple et correct est-il le seul
propre à l'histoire d'une révolution comme la nôtre , semée
d'évènemens extraordinaires , d'épisodes bizarres , de catastrophes dont on n'avoit pas vu d'exemples. Plus la vérité

étonne par elle-même, moins elle doit éblouir par sa pa-
rure. M. de Moleville a peu prodigué les images, il a peu
jeté de fleurs où il n'y a presque que des larmes à répandre ;
mais il a semé son sujet de beaucoup d'observations sages,
d'apperçus souvent profonds, de développemens judicieux,
propres à éclairer le peuple et les gouvernemens sur les
dangereuses manœuvres des novateurs. Son Histoire est
moins l'ouvrage d'un écrivain éloquent, que celui d'un
homme d'état ; et si les académiciens ne le placent pas
parmi les chefs-d'œuvres des orateurs, les politiques le
mettront à côté des Mémoires de Sully et du cardinal
de Retz.

Je crois avoir dit que l'histoire des révolutions, en général, est celle qui intéresse le plus l'esprit humain. Les
événemens y sont plus fréquens, les tableaux plus variés,
la marche plus rapide. Tacite attache le lecteur dès l'ou-
verture de son livre, où il dit qu'il va raconter des crimes
inouis, des combats sanglans, des empires renversés, des
gouvernemens détruits. L'historien de nos jours n'aura pas
moins de matériaux que Tacite, mais il faut convenir aussi
qu'il sera quelquefois embarrassé de cette funèbre et dé-
plorable richesse. Les crimes se sont tellement multipliés,
qu'on peut à peine les distinguer ; les évènemens se sont
succédés si rapidement, qu'ils paroissent confondus ;
on a vu souvent les mêmes catastrophes se reproduire sous
des couleurs peu différentes. C'est sur - tout aux Français, entraînés dans des secousses toujours renaissantes
et tournant sans cesse sur l'axe des révolutions, qu'on
peut appliquer ces paroles : *Faites, Seigneur, qu'ils
deviennent semblables à une roue !* Ainsi, le choc de
tant de passions, qui doit offrir des images si variées, n'a-
voit souvent qu'une marche uniforme, et certaines époques
de nos troubles nous ont prouvé que les orages ont aussi

leur monotonie. M. Bertrand de Moleville , qui a très-bien étudié l'esprit de la révolution , en suit toujours avec beaucoup d'habileté , les phases et les progrès ; sous sa plume , chaque événement , chaque faction est toujours représentée avec les couleurs qui leur conviennent ; il a arraché le masque à beaucoup de personnages , qui avoient acquis une injuste considération ; il a souvent levé le voile qui nous cachoit les véritables causes des événemens ; il a ouvert au public , qu'il faut enfin éclairer , les archives secrètes de la vérité ; et mettant toujours beaucoup d'ordre et de clarté dans ses récits , il efface cette monstrueuse monotonie des crimes révolutionnaires , en révélant quelque-fois des particularités piquantes , en racontant des anecdotes originales , en produisant des pièces nouvelles , qui doivent intéresser la curiosité , et qui contribueront à jeter une plus grande lumière sur les époques les plus importantes de la révolution.

Quelques personnes intéressées à ensevelir la vérité dans l'ombre , ont dit des injures à M. Bertrand de Moleville ; il n'a pas cru devoir y répondre , et je dois aussi à sa gloire de garder le silence sur des déclamations qui ne sauroient l'atteindre : on lui a fait des reproches sur quelques passages de ses Mémoires , qu'il a publiés en anglais , et dont il a consigné les faits les plus importans dans cette Histoire ; M. Bertrand a répondu victorieusement aux objections qui lui ont été faites ; il n'a pas daigné répondre à ce qu'on a pu dire sur ses Mémoires et ses Annales , publiés en français. Il seroit injuste de s'arrêter aux jugemens trop sévères qu'on pourroit porter sur cet ouvrage , d'après des traductions dont M. Bertrand de Moleville lui-même a dénoncé l'inexactitude et l'infidélité. Nous donnons aujourd'hui l'ouvrage original , revu et beaucoup augmenté par M. Bertrand ; et nous ne craignons pas d'invoquer , pour

l'authenticité des faits , le témoignage des hommes les plus
véridiques.

Il est une objection plus grave , à laquelle nous devons
répondre , une objection qu'on n'oppose pas seulement à
M. Bertrand de Moleville , mais à tous ceux qui publient
des mémoires historiques sur le tems qui vient de s'écouler.
Nous sommes trop près , dit-on, de ces grands et terribles
événemens , pour les retracer avec cette impartialité qui
est le caractère propre de l'histoire. On compare , avec
plus d'esprit que de vérité , les écrivains qui décrivent
aujourd'hui la révolution , à des peintres qui essaieroient
de dessiner les paysages voisins de l'Etna , tandis qu'ils
seroient encore bouleversés par un tremblement de terre.
Cette objection ne nous a pas paru raisonnable , et nous
ne croyons pas qu'on ait jamais trouvé mauvais que Tacite,
Suétone , César , Salluste , aient écrit l'histoire romaine ,
sous prétexte qu'ils ne faisoient que décrire les événemens
qui leur avoient été quelquefois personnels , et dont ils
venoient d'être les témoins. L'histoire , au contraire , pour
la fidélité de ses récits , ne sauroit trop invoquer le témoignage des âges contemporains ; la source la plus authen-
tique pour l'histoire de la révolution anglaise , est l'ouvrage du vertueux Clarendon , qui écrivoit sur le théâtre
encore fumant de la guerre civile. Sur quoi peut, en effet,
juger la postérité , si ce n'est sur l'assertion de témoins
dignes de foi ; et dire qu'on ne peut pas écrire l'histoire
aujourd'hui , n'est-ce pas condamner les générations qui
nous suivent, à chercher nos annales dans les gazettes
mensongères et dans les rumeurs incertaines de la tradition ?
Quel tems fut plus favorable pour raconter un événement ,
que celui où les assertions du mensonge peuvent être pu-
bliquement débattues et démenties par les témoins ocu-
laires , où les récits fidèles peuvent recevoir la sanction

instantanée du public, qui a été présent aux évènemens dont on lui met le tableau sous les yeux ? Je sais qu'on peut étudier l'histoire des sociétés dans les monumens qu'elles ont laissés; mais dans une révolution qui a tout détruit et qui n'a rien produit de durable, quels sont les monumens qui resteront à consulter ? Les flammes qu'elle a par-tout allumées sont heureusement éteintes; les larmes de l'humanité, tristes monumens de nos troubles, sont taries; la terre dérobe aux regards les dépouilles de la vertu et de l'innocence immolée au génie des factions! Que nous restera-t-il donc pour faire connoître à la postérité ces terribles époques, si ce n'est le témoignage des écrivains indépendans et vertueux, qui ont échappé à la faulx de la terreur révolutionnaire ? Si d'ailleurs on doit adopter l'idée que les philosophes se sont faite du tems qu'ils ont défini, *la durée des choses*, il faut convenir que sa marche a dû être beaucoup plus rapide depuis dix ou douze ans, et que si le tems a été long-tems en possession de tout dévorer, la révolution l'a dévoré lui-même à son tour. Le mouvement révolutionnaire nous entraînoit si rapidement d'une idée à une autre, il renversoit si subitement nos projets, nos espérances; il a si souvent changé l'objet de nos craintes et de nos calculs, qu'il a donné aux années la rapidité des jours; et l'on peut dire qu'au milieu de tant de secousses toujours renaissantes, de tant d'abîmes ouverts et refermés sous nos pas, de tant de factions presqu'en même-tems triomphantes et abandonnées, de tant de révolutions, en un mot, dans le sein même de notre révolution, nous sommes devenus notre propre postérité, et nous pouvons aujourd'hui parler de nous-mêmes, comme les âges futurs. Nous rions aujourd'hui des idées qui ont excité notre sérieux enthousiasme; nous blâmons hautement ceux que nous avons admirés dans les transports de notre ivresse passagère; nous admirons ce que nous avons décrié ; nos hommages vont chercher les objets récens de notre haine et de nos imprécations , et la plupart des événemens de la révolution ont perdu la couleur que le prisme du moment leur avoit donnée. C'est une région que nous avions parcourue dans les ténèbres; nous nous en étions fait une fausse opinion ; mais le jour est venu rectifier nos idées ; il a rendu aux objets qui nous environnent , la couleur et la forme qui leur sont propres; il nous a montré des abîmes où nous ne croyions voir que des plaines fertiles ; il nous a fait voir un terrein solide et uni , dans l'endroit même où la nuit nous effrayoit de la vue trompeuse d'un précipice. La curiosité ne gagnera pas moins que la vérité à ces soudaines métamorphoses; déjà , lorsque nous lisons l'histoire des premières époques de la révolution , il semble que nous sortions d'un rêve pénible ; nous pouvons à peine croire à la réalité de ces scènes extraordinaires , auxquelles nous avons assisté , et nous croyons quelquefois lire l'histoire d'un autre peuple et d'un autre siècle.

« La France , me dira-t-on encore , est enfin plus paisible ; les passions sont assoupies ; ne mêlez pas au calme dont nous jouissons , le souvenir trop déchirant de nos troubles passés. Les grandes catastrophes de la révolution nous sont encore trop présentes , pour que nous puissions les oublier ; gardez-en le tableau pour les générations qui n'auront point souffert , et pour qui de longs malheurs n'auront pas fait luire le flambeau d'une trop fatale expérience ! » — J'ai peut-être appris plus qu'un autre à connoître le prix de la tranquillité , et les persécutions nombreuses que j'ai éprouvées , m'y ont donné quelque droit ; mais je ne crois pas que la paix puisse jamais s'éloigner , par la publication d'un ouvrage où l'on avertit les peuples des erreurs qui peuvent les troubler. Plus un gou-

vernement a besoin de se consolider, plus il a l'intention de
ramener le calme , plus il doit encourager le zèle des écrivains qui retracent aux peuples les malheurs des révolutions , et qui dévoilent les ressorts cachés qu'on fait jouer
pour bouleverser les sociétés. A Dieu ne plaise , que les
écrivains qui rappellent les évènemens de la révolution
française , veuillent réveiller les passions qui les ont en-
sanglantés ! J'aurois , sur ce point , plus d'un exemple à
citer. L'histoire de Frédéric-Guillaume, où M. de Ségur
retrace les principaux caractères de notre révolution , n'a
point réveillé de haines ; et les monumens qu'il élève à la
mémoire de Louis XVI , de Malesherbes et de tant d'il-
lustres victimes de la terreur , ont excité tout l'intérêt du
public , sans attirer la surveillance du gouvernement.
L'ouvrage de M. Bertrand de Moleville , dont les principes sont , j'ose le dire , plus indépendans de cet esprit
qui fait les révolutions , dont les couleurs moins brillantes
sont peut-être plus vraies , doit inspirer plus d'intérêt encore au public , et plus de sécurité à ceux qui sont chargés
de maintenir la tranquillité au milieu des élémens dispersés
des troubles. Les premières époques dont il fait l'histoire,
dégagées de l'esprit de fanatisme qui les a rendues si ora-
geuses, ne sont plus pour nous que des souvenirs historiques ; et leurs sanglantes catastrophes, sous la plume de
l'écrivain impartial , semblent se détacher de notre âge ,
et se placer pour nous dans le tems des proscriptions de
Sylla , ou dans le siècle qui a vu s'allumer et s'éteindre les
fureurs de la ligue. Dans ses premières époques, on voyoit
la révolution dans l'avenir , on ne la voit plus aujourd'hui
que dans le passé ; c'est le prisme trompeur de l'espérance
qui nous en montroit les résultats; aujourd'hui, c'est la
terrible vérité qui a fait entendre sa voix. Nos premiers
débats ont été d'autant plus violens , qu'ils ne portoient

que sur des choses vagues , que sur des conjectures ; mais
aujourd'hui ils portent enfin sur des faits , et tout le monde
est à-peu-près d'accord. Dans la première année de la révolution , le peuple avoit , pour ainsi dire , toute la fougue,
toutes les illusions, toutes les passions de la jeunesse ;
il étoit facile alors de l'émouvoir et de l'agiter : il est
resté avec le calme de l'expérience , avec les regrets,
l'épuisement et le sang - froid qui accompagne la dernière saison de la vie. Il ne demande plus qu'un asile
dans ses malheurs, qu'un soutien dans sa foiblesse ; et
le plus sûr garant de sa tranquillité , est le pressant
besoin qu'il a d'être tranquille. M. Bertrand de Moleville n'a développé dans cet ouvrage , que des principes
consacrés aujourd'hui par l'opinion du peuple et du gouvernement. Il a beaucoup souffert dans la révolution ,
mais il ne se livre point aux fougueuses inspirations du
ressentiment personnel ; il sait qu'il est dans la révolution,
des crimes que la divinité seule peut punir , comme il est
des maux qu'elle seule peut réparer ; mais qu'il soit permis
à l'historien d'élever quelquefois des autels à la vertu mal-
heureuse , et sur-tout qu'on ne lui envie pas le douloureux
plaisir de marquer de noir , comme Sterne , la page où il
doit raconter la mort de ses amis.

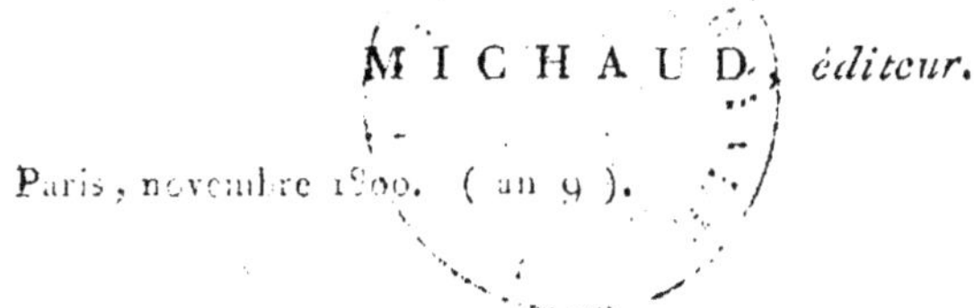

MICHAUD, *éditeur.*

Paris , novembre 1800. (an 9).

Recueil de Poésies et de Morceaux choisis de J. DELILLE,
contenant des pièces fugitives inédites, et quelques fragmens
du poëme de *l'Imagination* et de celui du *Malheur et de la Pi-
tie*, avec plusieurs morceaux de *l'Homme des Champs*, qui
avoient été supprimés dans les éditions qui ont été publiées; pré-
cédé d'une notice historique sur l'auteur, et suivi des extraits
raisonnés des *Géorgiques françaises*, par Fontanes, Geof-
froy, Guinguené, et autres littérateurs distingués. — Prix
du format in-8., volume de 350 pages, en caractères petit-
romain et petit-texte, orné du portrait de l'auteur, 3 liv. et
4 liv. franc de port. — Format in-12, volume de 312 pages,
mêmes caractères, avec portrait, 2 liv. et 2 liv. 10 sols franc
de port.
 N. B. Ce recueil doit être distingué d'un autre, formant
quelques feuilles d'impression, qui vient d'être publié sous
· le titre de *Poésies diverses*, par J. Delille.

Le Chevalier Robert, ou *Histoire de Robert*, surnommé le
Brave, dernier ouvrage posthume de LOUIS-ELISABETH DELA-
VERGNE, comte de TRESSAN, chevalier de l'ordre royal et militaire
de St.-Louis, commandeur de l'ordre de St.-Lazare, lieutenant-
général des armées du roi, commandant du comté de Bitche et
Lorraine allemande, l'un des quarante de l'Académie française, associé libre de celle des sciences de Paris, de la société
royale de Londres, des académies de Berlin, d'Edimbourg, de
Nancy, de Montpellier, de Rouen, etc. dédié, avec permission,
à l'empereur de toutes les Russies. — *Vol. in-8., pouvant faire
suite à la collection des romans de cet auteur.* — Prix : 3 liv.
et 4 liv. franc de port. Seconde édition, revue, corrigée, aug-
mentée de plusieurs morceaux inédits du même auteur et
d'un discours de l'abbé Delille, et ornée d'une gravure, avec une
romance mise en musique par M. Aubert, professeur de musique au Conservatoire.

Cours Élémentaire d'Histoire naturelle pharmaceutique, ou
description des matières simples que produisent les trois règnes
de la nature, et qui sont d'usage en pharmacie, en chimie et
dans les différens arts qui en dérivent, notamment dans ceux du
teinturier et du fabricant de couleur, etc. etc., généralement
comprises sous l'acception de *matière médicale*, présentées
d'abord par règnes, ensuite par genres, et enfin par espèces, avec
les noms de chacune, leur origine, leurs choix, leurs prépara-
tions, leurs principaux usages, leurs propriétés physiques et médicinales, et considérées par leur rapport à la doctrine pneumato-

chimique. Par Simon Morelot, ancien professeur de pharmacie
chimique, professeur d'histoire naturelle à l'Ecole gratuite de
pharmacie, membre de la Société de médecine, etc. etc. —
Deux vol. in-8. de près de 900 pages , avec sept tableaux.
Prix : 9 l. et 12 l. franc de port.

Histoire des Campagnes du prince Italiski Suworow-Rymnikski,
général-feld-maréchal, au service de S. M. l'Empereur de toutes
les Russies ; traduit de l'allemand et du russe , avec portrait. —
Format in-8. 2 vol. fig. 5 liv. et 6 liv. franc de port ; format
in-12 , 3 liv. et 4 liv. franc de port.

Mémoire de Ramel , l'un des déportés à la Guiane française,
sur quelques faits relatifs au 18 fructidor, sur le transport et
le séjour des seize déportés dans cette colonie, et sur son évasion
avec *Pichegru, Barthélemy, Villot, Dossonville, Delarue*
et *Letellier* , avec les circonstances de la mort du général *Muri-
nais, de Tronçon-Ducoudray*, etc. *vol. in-12*, avec gravure,
2e. édition. — Prix : 1 liv 10 s. et 2 liv. franc de port.

Anecdotes secrètes sur le 18 fructidor, et *nouveaux Mémoires
des déportés* à la Guiane, écrits par eux-mêmes, et faisant suite
au *Mémoire de Ramel* , 2e. édition, revue, corrigée et aug-
mentée , avec gravure. — Format *in-8*. fig. Prix : 3 liv. — Format *in-12*, 1 liv. 10 s.

(*Ouvrages sous presse, pour paroître incessamment.*)

Histoire des Progrès et de la Chûte de l'empire de Mysore,
contenant un tableau historique de l'Indostan, la vie d'Hyder-
Aly , la vie de Tippoo-Saïb, et ses relations avec Louis XVI
et avec la république française, lors de l'expédition d'Egypte ;
ses dernières guerres contre les Anglais, la prise de Seringapa-
tam , les papiers curieux trouvés dans le palais de Tippoo, les
lettres de Bonaparte à ce sultan et au schérif de la Mecque ;
enfin , un tableau des mœurs et des gouvernemens indiens. Ré-
digée sur plusieurs mémoires manuscrits , et sur quelques ouvrages publiés récemment en Angleterre ; par J. Michaud. —
Deux vol. in-8°., ornés du portrait de Tippoo-Saïb, de plans
de bataille et de plusieurs cartes de l'Inde, nécessaires à l'intelli-
gence de l'ouvrage. — Prix 12 fr., et 15 fr. franc de port

*Relation de l'ambassade à la cour du grand Lama, souverain
de Tibet ;* par le capitaine Samuel Turner , avec des observations botaniques, minéralogiques et médicinales , par Robert.
Saunders. — Deux vol. *in-8*. traduits de l'Anglais par le cit.
Castera, ornés de cartes et gravures du pays. Prix : 15 francs
et 15 fr. franc de port.